Madame
Poipoi

Monsieur
Henri

Gino
Marto

Rémi
Lepoivre

Adrien
Dubouchon

Mélanie
Lano

Tom-Tom et Nana

C'est magique !

Scénario : Jacqueline Cohen, Evelyne Reberg
Dessins : Bernadette Després - Couleurs Catherine Legrand

A LA BONNE FOURCHETTE

Marie-Lou
Dubouchon

Yvonne
Dubouchon

Nana
Dubouchon

Tom-Tom
Dubouchon

© Bayard Éditions, 2001
© Bayard Éditions / j'aime lire, 1996
ISBN : 978-2-7470-1399-4
Dépôt légal : septembre 2011
Droits de reproduction réservés pour tous pays
Toute reproduction, même partielle, interdite
Imprimé en France par Pollina - L65353E
Tom-Tom et Nana sont des personnages créés par
J. Cohen, E. Reberg, B. Després et C. Viansson-Ponté

Mon beau sapin

Vous attendez qu'on ait fini notre travail!

Non! Pitié!!

On est déjà en retard!

Le sapin de Rémi est décoré depuis trois jours!

Et celui de Sophie...

Ah! Ça suffit!

Vous ne bougez pas de là, c'est compris?

Oui!

Dans une demi-heure, on amène la boîte de décorations!

CLAC!

227-2

6

7

(227-3)

Tom-Tom et Nana: c'est magique !

Tom-Tom et Nana : c'est magique !

Un peu plus tard...

Génial! On en a cinq!!

Hein?

On ne vous a pas demandé une forêt!

Cinq pour le prix d'un sapin! Une affaire!

Et pas la peine de les décorer!

???

Des lapins!!!

Lapin sapin...

Vous n'allez pas faire une crise pour une petite lettre de différence!

FIN

Hic!

La foire aux lapins

Tom-Tom et Nana : c'est magique !

Voici ma question : qu'est-ce qu'un lapin ?

Euh... j'sais pas, moi !...

En tout cas, c'est pas une vache !

Foire aux Lapins

André

Ben c'est,...

...Ça !

pssi... pssiii...

Zéro !

Mmm... Ça ne va pas du tout !

Lapins-test

Le lapin est un her-bi-vore !

Éliminés ! Tous dehors !

Oh non !

Pitié !

C'est pas juste !

Foire aux Lapins

Tom-Tom et Nana : c'est magique !

Le lapin a peur des courants d'air!

Vous êtes tous éliminés! Dehors!

Eh bien, gardez-les, vos lapins!

On s'en fiche!

Moi, d'abord je préfère les souris!

ICI Foire aux Lapins

Mais...?!?

Ils sont encore là?

Personne ne les a pris?

Tom-Tom et Nana : c'est magique !

On ne peut pas les donner à des idiots... ... Quand même !

Ohé !

Tiens... Sophie !

Pour les lapins, c'est pas trop tard ?

Pas du tout !! Au contraire !

ICI Foire aux Lapins

Ma mère, ça l'intéresse ! Elle a bien raison !!

ICI Foire aux Lapins

Dis-lui de venir tout de suite !

Je fonce !

(228-7)

Nous voilà sauvés ! Epatant !

J'en étais sûre ! Madame Moulinet adore les animaux !

On va lui faire un beau paquet !

C'est dégoûtant, elle n'a même pas passé le Lapino-test !!!

Lapino-test... Pff !

N'importe quoi !

Ma petite Dorothée ! Mon coeur !

Ne prends pas Batman par les oreilles !

Monstre !

228-8

22

Il s'est gêné, lui, pour me ronger mes pantoufles !

Laisse-moi embrasser une dernière fois André !!!

Ooooh !

Je n'ai même pas eu le temps de peigner Zorro !

Booooh !

Ma mère arrive !...

... Avec ses cages !

Mais...

... C'est pas la peine !

ICI Foire aux Lapins

23

Pauvres petites bêtes !

229-1

Tom-Tom et Nana : c'est magique !

29

Vous voulez nos lapins ?!... Ils sont à vous !!

... Les enfants ?... Ils sont d'accord pour les donner !... Ils n'en veulent plus !...

Menteur !

PLOF !

... A tout de suite, madame Kellmer !

Youpi !

Alors ?!... Un miracle ?

Elle les prend tous !

Fini l'enfer !

31

Abracadabra

Tom-Tom et Nana : c'est magique !

Tours de cartes! Hypnose! Apparitions!

Oh, non! Manquait plus que ça!

Allez, laissez-le faire! Ça vous changera les idées!

Zéro franc la démonstration!

Chic!

Juste un petit tour et vous serez ébloui!

Oh oui, papou!

Bon, mais faites vite!

Génial!

PAF!

Tom-Tom et Nana : c'est magique !

Mes amis, concentrons-nous tous ensemble!

Mettez vos mains sur la tête! Fermez les yeux!

Et répétez après moi: "Lapins, disparaissez"!

Lapins, disparaissez! Lapins... Lapins... Lapins... Disparaissez!

Lentement s'il vous plaît! ...120 fois!

LA-PINS-DIS-PA-RAI-SSEZ!

Dites-le bien fort! Encore!... **Encore!**...

230·B

42

Dix pour un

Vos lapins adorés?

C'est fini...

On les déteste!

Dorothée m'a mordue!

Zorro m'a arraché l'oreille!

Et puis on en a marre des kilos de crottes!

Marre d'être leurs esclaves!

Eh bien... Bonne chance!

Sniff!

Et bon débarras!

On reviendra plein de sous et avec zéro lapin!

Je crois rêver!

Tom-Tom et Nana : c'est magique !

Un peu plus tard...

Approchez mesdames et messieurs ! Lapins extra !

Pas chers !

2 millions le lot de 10 !

Ça va pas la tête ! On a dit 2.000 francs les 10 lapins !

Toc ! Toc !

Bon, bon... 2.000 lapins pour 10 francs !

Allez jouer ailleurs, les enfants ! On ne joue pas, on travaille !

Ping !

231-3

Tom-Tom et Nana : c'est magique !

231-5

Il faut rentrer maintenant, Arthur adoré !

Oh ! Lapins !

Ze veux lapins !

Allons, viens !

On t'a déjà acheté un joli cadeau !

La-a-a-pins !

Pas cadeau ! Veux lapins !!

Chéri ! Sois raisonnable !

Lapins ! Lapins !

Voyons ! Tu as déjà 3 chats, 2 chiens, des hamsters, une souris blanche...

231-7

Tom-Tom et Nana : c'est magique !

C'est gonflé !

(232.1)

... De regarder les élections!! Qu'est-ce que c'est que ça?!?

CLIC!

Il n'y a pas d'élections en ce moment!

Mais si, enfin!!

Les élections de...

CLAC!

D'abord les élections, c'est pas pour les enfants!

Et j'ai dit "pas de télé à l'heure des repas"!

Allez donc promener votre Gros-Lapinou!

Il nous encombre!

Oh non!

Pitié!

Tom-Tom et Nana : c'est magique !

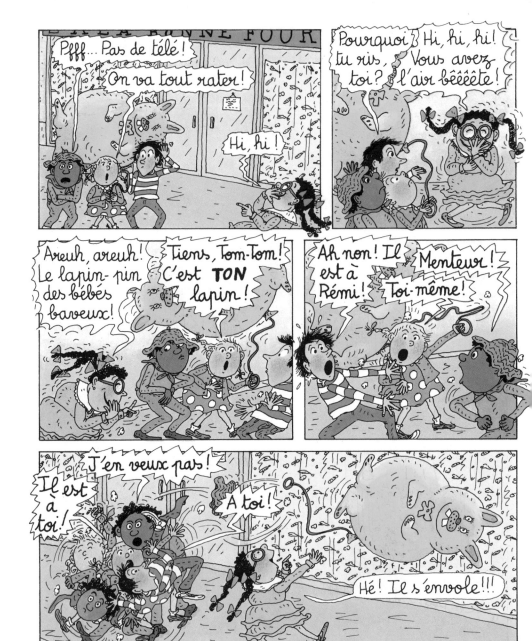

Laisse! Ça me donne une idée...

IIII...

Au secours! Gros-Lapinou s'est échappé !

Zut !

J'y vais! Je vous le rattrape en deux minutes !

CRIiiiiii... SHPANG !!!... CRAAAS!!!

Tom-Tom et Nana : c'est magique !

BOUM!

PAF!

Oh malheur! Les enfants ne regardez pas ça...

Les enfants? Mais... où sont-ils? Ils étaient pourtant avec nous! Vous êtes sûrs?

Tom-Tom! Rémi! Nana!

Ping

Ils ont disparu! Manquait plus que ça!

232-8

62

Tom-Tom et Nana : c'est magique !

Il faut les chercher!

Oh non, je suis gelée!

J'ai le nez qui enfle!

Mes lunettes sont cassées!

On rentre!

Hé! J'entends du bruit...

Ah?!?

C'est peut-être eux!

Tchoum!

Ils y tenaient tellement à leur lapin!

Pauvres petits!

Je n'ose pas leur dire...

232-9

Merci, Asprout !

67

Tom-Tom et Nana : c'est magique !

Tom-Tom et Nana : c'est magique !

(225-9)

73

Chez Maigrichon

Tom-Tom et Nana : c'est magique !

Qui peut rentrer là-dedans ?!

Aaaah ! Je suis énooooorme !!

Mémed m'appelle Marie-Bouboule !

Oh !

Pffff !

Ben... T'as qu'à maigrir...

C'est impossible ! ici !!

Personne ne m'aide !

Vous ne pensez qu'à vous empiffrer !

226-3

CLAC!

La pauvre!

C'est vrai qu'on pourrait faire un effort!

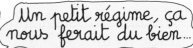

Un petit régime, ça nous ferait du bien...

Ça oui!

J'ai un, deux, trois...

Quatre... cinq bourrelets!

Et moi, j'ai combien de mentons?

Quatre, monsieur Henri!

Vous, de loin, je vous ai pris pour un camion citerne!...

C'est vrai?!

Moi, j'ai même grossi du nez et des cheveux!...

Et toi papou, ton bedon!!!

Tom-Tom et Nana : c'est magique !

Tom-Tom et Nana : c'est magique !

Tom-Tom et Nana : c'est magique !

Qu'est-ce qui vous arrive, madame Kellmer ?

KOF! KOF! KOF!

Elle a avalé d'un seul coup son menu "Noyaux" !

Heurk !

Brrr ! J'ai cru que c'était du chocolat !

Ne prononcez pas ce mot-là !

C'est interdit !

Ni chocolat, ni gratin, ni choucroute...

Oubliez tout ça !

Tiens, Mémed !

Coucou !

Il a dit couscous ?

226-9

Danger, rentrée !

Demain, lever à 7 h 30 !
A 8 h 15, départ en fanfare, et à 8 h 30, entrée triomphale dans l'école !

O.K., Sergent !

J'affiche le programme !
C'est l'heure du bisou...

Bonne nuit, les petits soldats !

Smack !
Smack !
Smack !

Eteignez vite la lumière !

PROGRAMME
Soir
7 h, télé.
7 h 05, dîner léger.
7 h 15, toilette complète
8 h, bisous et dodo.
Matin
7 h 30, lever
8 h 15, départ en fanfar
8 h 30, entrée triomph

Et faites de beaux rêves !

clic !

Ça marche comme sur des roulettes !

Ce sera une rentrée sans panique !

CLAC !

Tom-Tom et Nana : c'est magique !

87

3-3 95

Le lendemain...

Mais...

On vous attend depuis 1/2 heure!!

Je... je suis prête!...

Tom-Tom! Debout!!

Il dort comme une bûche!

RRRon...

Ni pipi, ni tartine! Je fonce à l'école!

Je veux être la première!

Guili-guili...

Tom-Tom et Nana : c'est magique !

Réveille-toi!

RRRon....

Incroyable!

?!

Il est malade, c'est sûr!

Appelons le docteur!

Ça, c'était pas dans le programme!

RRRon...

3-7 (95)

Clic, clic, clic...

Allo, doc...

?

Au secours!! Quelle heure il est ?!?

Du calme! Il est 8 h ½...

Je suis en retard! C'est atroce!!!

Oui...

Mais non!

Mais si! J'ai raté la rentrée! Mon année est fichue!

Allo...?

Allons, viens! On va t'accompagner!

Noooon!!

Hein?

Je n'irai plus jamais en classe!

?!?

Aaah!

?, clic...

93

3-9 95

94

Tom-Tom et Nana

T'es zinzin si t'en rates un !

 ☐ N° 1

 ☐ N° 2

 ☐ N° 3

 ☐ N° 4

 ☐ N° 5

 ☐ N° 6

 ☐ N° 7

 ☐ N° 8

 ☐ N° 9

 ☐ N° 10

 ☐ N° 11

 ☐ N° 12

 ☐ N° 13

 ☐ N° 14

 ☐ N° 15

 ☐ N° 16

 ☐ N° 17

 ☐ N° 18

 ☐ N° 19

 ☐ N° 20

 ☐ N° 21

 ☐ N° 22

 ☐ N° 23

 ☐ N° 24

 ☐ N° 25

 ☐ N° 26

 ☐ N° 27

 ☐ N° 28

 ☐ N° 29

 ☐ N° 30

 ☐ N° 31

 ☐ N° 32

 ☐ N° 33

 ☐ N° 34